울 줄 알아야지

시작시인선 0552 울 줄 알아야지

1판 1쇄 펴낸날 2025년 11월 17일

지은이 길영수
펴낸이 이재무
기획위원 김춘식, 유성호, 이형권, 임지연, 차성환, 홍용희
편집 이호석, 박현승
편집디자인 김지웅, 장수경
펴낸곳 (주)천년의시작
등록번호 제301-2012-033호
등록일자 2006년 1월 10일
주소 (03132) 서울시 종로구 삼일대로32길 36 운현신화타워 502호
전화 02-723-8668
팩스 02-723-8630
블로그 blog.naver.com/poemsijak
이메일 poemsijak@hanmail.net

ⓒ길영수, 2025, printed in Seoul, Korea

ISBN 978-89-6021-830-7 04810
　　　 978-89-6021-069-1 (세트)

값 11,000원

*이 책 내용의 전부 또는 일부를 재사용하려면 반드시 저작권자와 (주)천년의시작 양측의 동의를 받아야 합니다.
*잘못된 책은 바꾸어 드립니다.
*지은이와 협의하에 인지는 생략합니다.

울 줄 알아야지

길영수

천년의시작

시인의 말

십 년이 넘었습니다.
첫 시집 『꽃도 우는가』를 2014년에 펴내고,
한 해 두 해, 어느덧 십 년이 흘렀습니다.
게으름 탓도 있었지만, 무엇보다도 서툰 솜씨가
더 큰 이유였던 것 같습니다.
어느새 일흔 중반의 고개를 넘어서고 있습니다.
제 인생이라는 조각보 위에
한 땀 한 땀 수놓아 온 노랫말들,
산길에서, 바닷가에서, 골목길에서,
소소한 저의 일상을 담았습니다.
늦둥이는 어리광이 많기 마련이지요.
따뜻한 마음 주시길 바랍니다.

2025년 길영수

차 례

시인의 말

제1부 꼬집힌 풋사랑

내게로 온 것들은 ——— 13
덤이다 ——— 14
불면의 항해 ——— 15
섬 ——— 16
젖은 면사포 ——— 17
용龍 ——— 18
면도를 한다 ——— 19
덧대다 ——— 20
꼬집힌 풋사랑 ——— 21
벼슬 붉은 암탉 ——— 22
돌지 않는 회전근골 ——— 23
소장수 ——— 24
양성전사 사건 ——— 26
인연과 이별 ——— 27
사랑이 익을 무렵 ——— 28
어항 ——— 30
골목길 ——— 31
앤까사의 추억 ——— 32
먼 길에 서서 ——— 34
고엽 ——— 35
내가 좋다 ——— 36
울 줄 알아야지 ——— 37

제2부 이월에 내리는 비

섣달 그믐밤 ——— 41
해거름 ——— 42
처서 ——— 43
연어의 꿈 ——— 44
숲속 벤치 ——— 45
방죽에 앉아 ——— 46
꽃과 여자 ——— 47
고향의 봄 ——— 48
겨울 숲 ——— 50
나의 빈 가을 ——— 51
양천강에서 ——— 52
이월에 내리는 비 ——— 53
풀꽃 ——— 54
하지 ——— 55
장마 ——— 56
여름밤 이야기 ——— 57
밤바다 ——— 58
겨울비 ——— 59
그림자 ——— 60
입춘 ——— 61
봄비 내리고 ——— 62
바람 ——— 63

제3부 엄마의 회초리

노년 일기 —— 67
양손 같이 —— 68
행복 —— 69
우담바라 —— 70
옷가게에서 —— 71
엔딩 —— 72
산화(散花) —— 73
산소에서 —— 74
병상에서 —— 75
땡큐! —— 76
그럴 거야 —— 77
똥강아지 —— 78
유하 —— 79
우리 새처럼 울겠지 —— 80
모진 시간들 —— 82
딸네 —— 83
자카르타 —— 84
막내딸 —— 85
오래된 사진첩 —— 86
달이 —— 87
나의 종교 —— 88
간이 작아서 —— 89
사십구재 —— 90
엄마의 회초리 —— 91

제4부 지난 이야기

정취암 ——— 95
남해 금산 ——— 96
산청 장날 ——— 98
지리산 내원골 이야기 ——— 99
요녕성 집안 ——— 100
완사 장날 ——— 101
백두여, 천지여 ——— 102
마라도 ——— 103
단둥 페리호 ——— 104
계림유희 ——— 105
검은 눈물 ——— 106
마지막 술잔 ——— 107
바람이 하루를 치고 ——— 108
오랜 기억 ——— 110
유등 ——— 111
붉은 유등 ——— 112
지난 이야기 ——— 113
옛이야기 ——— 114
김 영감 ——— 116
참 좋은 것들 그리운 것들 ——— 117
흐르는 것은 ——— 118

해 설

양곡 『울 줄 알아야지』를 읽는다 ——— 119

제1부 꼬집힌 풋사랑

내게로 온 것들은

한밤중 천둥소리에 놀라
잠에서 깬 새벽
억수의 빗속으로 배달된 신문
예사로이 받아 보던 신문이
이토록 소중할 줄이야
신문만 오는 것이 아니라
그 사람의 힘든 새벽까지
함께 온 것이다

예사로이 받은 택배 한 상자가
그 사람의 고단한 노동과
함께 온 것이다
예사로이 받은 한 줄의 안부 메시지는
그 사람의 마음과 정성까지도
함께 보내 온 것이다

내게로 온 것들은 모두 다
예사로운 것이 아니구나
그 사람의 마음과 소중한 일상이
함께 온 것이다

덤이다

당신의 말대로라면
나에게는 오늘이 덤이다
육십 중반의 말기 암 환자가
칠십까지 사는 것이
애절한 소원이란다

덤이다
푸른 하늘도 덤이고
이 숲길도 덤이다
남은 이 작은 사랑도
덤이다
모두 다 버려도
오늘 하루가 덤이다
덤으로 사는데
덤으로 사는데
무슨

불면의 항해

하루의 부스러기들만 남은
밤이 온다
지나고 나면 아쉬운 하루
이 밤 어디로 항해할 것인가
지나간 청춘의 그림자들
가슴 에인 영원의 작별들
내 생의 무수한 해빙의 조각들을
부딪치며 검은 파도를 지난다
아득하구나
난파선,
기어이 가라앉지 못한 잔해처럼
뒤척이며 깨어 있는
나의 새벽은 멀고
항해의 배는 더디다

섬

남해 미조 앞바다
낚싯대 하나 핑계로 드리우고
작은 파도에 기대어
마음도 닻처럼 내려두면
잔잔한 윤슬에
흔들리는 섬
섬 자처럼 생긴
섬

설핏하게 해 기울면
동백꽃처럼 붉은 등 하나
추녀 끝에 내걸고
먼 길 돌아오는 들물 기다리며
잠뱅이 입고 서 있다

젖은 면사포

마흔 줄도 넘긴 독신 처녀가
시집 가는 날
하얀 면사포가 젖고 있네
어깨 들썩이며 젖고 있네
응달져
달빛마저 지우던 밤길
찬 이슬 발목까지 적시며
걸어온 길
지나온 그 길 돌아보고
제 설움에 북받쳐
면사포가 젖고 있네
철 지나 꽃 붉게 피는 날
객석도 젖어 있고
하얀 면사포 흐느끼며
다 젖고 있네

용龍

목욕탕
노인의 등짝에 용 한 마리
겨우 목숨을 건져 둔 듯
숨을 몰아쉰다
한때 날아서 승천하려던 기백은
주름진 거죽으로 남아 있다
평생토록 저 무거운 등짝을 지고
몸부림친 흔적들
이제는 역린의 위엄마저
늘어져 있다
깊지 않은 승천의 여울목에서
저토록 숨이 가쁘다

면도를 한다

환장하도록 화창한 봄날
푸른 별 하나 떨어진다
서둘러 어디로 가는가
지천으로 꽃은 피는데
꽃보다 더 붉은 가슴마다
애가 끓는데
서둘러 떠나가네

아직은 푸른 별
별이 떨어지는데
멍하니 습관처럼
나는
면도를 하고 있다

덧대다

살다 보면 살다 보면
자꾸만 덧댈 일이 많다
돋보기를 덧대고
보청기를 덧대고
이빨을 무릎뼈를 심장을 덧댄다

덕지덕지 생각을 덧댄 하루
술 한 잔을 덧대고
지나버린 푸른 날들을
안주거리로 덧댄다

누더기처럼 덧대고 덧대고
어느 날엔 꽃배 저어
멀리멀리 흘러가겠지만

꼬집힌 풋사랑

거나한 해거름 녘
기분 한 바가지 안고 오신
울 아버지
엄마 잔소리 한 바가지
받으시면
언제나 부르시던 그 노래
발길로오오
탁! 차려무우나~
울 아버지 18번
울 엄마 혀를 차는 명곡이었다
그리운 그 노래
이제는
나 혼자 피식 웃어며
흥얼거리는
꼬집어 뜯어라아~

벼슬 붉은 암탉

도시의 거리에 어스름이 내리면
빨간 부리에 빨간 발톱
붉게 벼슬이 익은 암탉들이
화려한 불빛 아래로 모여든다
알을 품지 않고
휘파람을 불며
밤을 쪼는 암탉들이
유혹의 날개를 턴다
밤이 시들면
비틀거리는 어깨에 기대어
빨간 네온 불빛
정글 속으로 들어 가는
벼슬 붉은 암탉

돌지 않는 회전근골

한적한 바닷가
고기잡이 배 한 척
삿대자루 녹이 슨 채
해안에 기대어 섰다
헐거운 자루 끝이 빠질 듯
종일토록 삐걱이며 울고 있다
격랑의 바다 위
반백 년 쉼 없이 흔들어 온
긴 여정의 표적
이제는
썰물 진 해안에 기대어
어깨 저립다고 울고 있다

소장수

사촌을 한 번쯤 속여야
잠이 온다는 소장수

점박이 송아지
살 때는 잡종이라 헐값에 사서
팔 때는 점이 있어
잃어버릴 일은 없다고
제값에 팔고
뿔 빠진 늙은 소
살 때는 늙다리라면서
헐값에 흥정하고
팔 때는 수수밭 골 타기 좋다고
제값 받고 팔아넘기네
어르고 달래다 홱 잡아채고
수단이 재간일세

허리춤에 두둑한 전대 차고
우시장 국밥집
막걸리 한 사발로 불콰해져
입가에 묻은

게거품을 닦는다

양성전사 사건*

접신처럼 들러서
전신을 탐문하고
이곳저곳 푹푹 찔러 본다
소문으로만 듣던 투명의 전사들이다

속절없이 속속들이 내보이고
숨을 죽이고 떨었다
스스로 죄인이 되어
꼭꼭 문을 걸어 잠갔다

휴대폰이 눈을 부라리고
감시병이 되어 있다
점령군은 일주일 만에
바람처럼 돌아갔다

무취의
천리향 꽃이 흐드러지게 핀
임인년 춘삼월 사건이다

* 코로나19

인연과 이별

인연도 운명이라면
이별 또한 운명이겠다
이별은 만남을 비워 두는 것
만나지 못함은
샘처럼 깊어지는 것
호젓한 숲길
혹은 가을 숲 빈 의자
샘 깊이 들여다보면
그리움 물이끼 되어
파랗게 돋아 있고
어느새 인연은
세월의 이끼 묻어 저 멀리
돌아 흐른다

사랑이 익을 무렵

사랑이란
나에게 사랑이란
그저 쉽게 부르는 꽃 이름이나 되었을까
어쩌다 장미 가시에 찔린 아픔이나 되었을까
첫사랑, 그 순진한 두근거림이나 되었을까
허접한 욕망 하나, 사랑이 아닐진대
나에게 사랑은 없었네
이글거리는 하루가
서녘 노을에 잠시 머물 때
그 아름다움이듯이
청춘은 식고
나는 이제야 사랑을 배우노니
그대의
희끗한 귀밑머리에서나
김치물이 밴 손끝에서나
순한 가을 햇살 같은
오히려 핀잔 속에서나
나는 사랑을 익히노니
사랑아
익어야만 알 수 있는

나의 사랑아

어항

불을 밝힌 어항이
속살까지 환하다
어떤 놈은 비늘 속까지
환하게 내보인다
온통 다 내보이고 사는 물고기
불을 밝히는 내가 하느님이다
언제든지 속속들이 볼 수 있다

하느님,
천상에서는
다 보이시지요
어제의 부끄러움도
오늘의 죄송함도
온갖 삶이 어항 속 물고기처럼
환하지요
하느님,
나의 죄명은 무엇입니까

골목길

굽이진 골목길
비봉산 자락 아래
다닥다닥 모여 앉은 까치집 동네
저녁이면 소곤소곤 속삭이는 창문마다
불빛들은 조용한 한숨이더라
담장에 기대어 핀 붉은 줄장미 틈새로
기어이 얼굴 내민 개나리꽃
그래도 꽃이더라
그래서 삶은 다정하더라
고만고만한 개들의 짖는 소리
정겨운 이웃이더라

굽고 가파른 골목길
글썽이는 한숨이더라

앤까사의 추억

미륵도 남녘 포구
하얀 날개를 접고 앉은 앤까사
남으로 창을 낸 건 섬,
섬 때문이지요

남녘으로 기대어 한참을
마음 내려 두고 보면
삶 또한 섬처럼 살갑지요

그대 오시리란 기별을 듣고
해풍에 익어 시퍼런 동백나무 가지 끝에
빨간 꽃등을 내걸고 사립문
활짝 열어 두었습니다

그대 손님으로 오셔서 주인으로 쉬다 가셔요
그대 곤한 몸으로 오셔서 말간 얼굴로 가셔요
그대 사랑으로 오셔서
그 사랑
그 사랑
붉디붉은 동백 꽃등에 익혀 가셔도

앤까사

앤까사

부디 추억 속에 쟁여 두셔요

먼 길에 서서

몇 번을 갔던 길도 헤매고
구불구불 굽은 길
자꾸만 돌고 돌아도
나무라지 말고
나를 달래거라
낯익은 물건 앞에 서서
멍하니 나를 잊고
펜을 들고 펜을 찾아도
나무라지 마라
그래, 다 그런 거야
누구나 더러는 그래
나를 달래거라

먼 길 돌아서 여기까지 왔네
갈 길 얼마나 남았는가
바람이 지나온 길
시나브로 지우고 있다

고엽

차곡차곡 숙성되고
부식되어 간다
화려한 시간들과
숯덩이 같은 욕망들
뜨거운 눈물 부스러기들이
헛웃음처럼 날아가고
갈색의 영혼들이
시린 숲에 차분하도록
누워 있다

돌아보면 돌아보면
굽이굽이 황톳길
한참을 걸어왔구나
이제는 바래진 고엽으로
싱싱한 그늘 아래
고이 삭을 뿐이다

내가 좋다

나는 내가 좋다
가슴 저린 사랑의 시를 쓰고
눈물 머금은 연가를 부를 수 있는
그런 내가 좋다
조붓한 인생길
작은 회한 하나까지도
소중히 안아 주는 내가 좋다
그래서
가슴 깊이 스며든 추억을 노래하고
때때로 카타르시스 이는 시를 쓰는
나 자신이
곰곰이 생각할수록 고맙고
참 좋다

울 줄 알아야지

사람이라면 울 줄 알아야지
남의 일이라도
가슴 뭉클하면 울어 줘야지
울 줄 아는 사람은 모질지가 않아
진부한 드라마를 보다가도
눈물 찔끔 찍어 내는
그 사람이 좋더라
마주 보며 웃다가도
눈가가 촉촉해지던
그 사람이 그립더라
사람이라면 울 줄 알아야지
못 견디며 울 일 아니라도
그냥 울컥해하는 그 사람이
사람 냄새 나더라
네가 울면
나도 그냥 눈시울이 붉어진다

제2부 이월에 내리는 비

섣달 그믐밤

작은 별빛마저 숨어 버린
칠흑의 그믐밤
듬직한 석유등 하나
심지 돋우어
동구 밖 어귀에 걸어 두련다
고단한 노동을 털고
어둑어둑 사립문을 들어서는
내 가장 소중한 이를 위하여
이슥한 밤에도 꺼지지 않을
석유등 하나 밝혀 두련다
환하게 웃으며 사립문을 들어서는
내 가장 소중한 이를 위하여
심지 돋운 등불 하나 내걸어 두련다

해거름

봄비가 안개비로 내리는 해거름
이젠 돌아가고 싶다
어릴 적 내 살던 고향집
아버지,
소죽을 끓여 하루의 먼지를 털고
어둑어둑 해 저물고
생솔가지 타는 매캐한 연기
뒷마당으로 깔리는 저녁
돌아가고 싶다
검게 데워진 구들목에
고단한 나의 웅석을
뉘이고 싶다

처서

정자나무에 매달린 아우성이
찬 이슬에 잦아지고
들녘에는
뜨거운 열정의 결실이
풍성하다
오후 햇살이 정갈한
익은 논길을 나서면
알 수 없는 정적이 흐른다
고추잠자리는 핏빛으로 익었는데
가슴께로 바람이 인다
떼새 한 무리 서쪽으로
날아가고
괜스레 울음이라도 울 것처럼
허전한 이유를
몰라 묻는다

연어의 꿈

돌아가고 싶다
질화로에 빠알간 잿불이 삭기 전에
집으로 돌아가고 싶다
이제는 돌아갈 때이다
어머님이 묻어 둔
아랫목의 밥이 식기 전에
집으로 돌아가자
단내가 나는 아랫목의 이불을 쓰고
몸을 지지고 싶구나

허공을 걷는 사람아
시린 바람이 일기 전에
이제는 돌아갈 때이다
서걱이는 낙엽이
마저 떨어지기 전에
내가 살던 그리운 집으로 돌아가자
돌아가
꿈 지운 단잠을 청하자

숲속 벤치

숲속의 빈 벤치에
햇살 한 줌이 다소곳이 앉아
졸고 있다
낡고 휘어진 등뼈 위에
기댄 온기,
채 식기도 전에
산 그림자
소리 없이 내려앉고
잔바람마저
이제 떠날 채비를 한다
밤이 들면
별빛이 스며들고
산짐승 기척이
조심스레 다녀가겠지
밤이슬이 앉았다가
맑은 아침을 들이겠지

방죽에 앉아

이른 새벽,
는개 내리는 방죽에 나가
오는 봄을 거둔다
수면 위에 떨어지는 빗소리가
햇병아리 떼처럼 운다
방죽 천지로 돋아나는 새순들,
눈뜬 강아지의 하품처럼 연하고 부드럽다
수묵화 한 점 위로
물안개 피어오르고
이제 막 아침에 닿아
차마, 나는
이 봄결을 감당치 못하겠구나
세상만사가
고요에 피는 새순처럼 순해지고,
들끓는 세상 동요도
저 새봄처럼
순해지거라

꽃과 여자

화창한 오월 들녘에
한 여인
탄성을 지르며 꽃을 딴다
저 많은 꽃, 어디에 둘 셈일까
흩날리는 백발을 이고
연신 꽃을 따는 여인
이제는
모두 떠나보내고
세월만큼이나 무거워진
빈 가슴에 꽃을 심으려나
어느덧
꽃은 지고 있는데
자꾸만
셔터를 누른다

고향의 봄

신작로가 지나는 들녘에
너댓 집 올망졸망 작은 동네
파란 보리밭골 따라
연한 바람이 불어오면
종달새 낮달처럼 떠올라
사랑 노래 부르고
댕기를 땋은 누나는 종일
봄나물 캐기에 때를 그른다

아버지는
신작로 버드나무 가로수의 연한 잎을
자근자근 잘라서
모내기 거름을 장만하시고
마당에는 소먹이 마른 풀의
푸릇한 냄새가 가득했다

밤이 이슥하면
양천강 봇물이 넘치는 소리
꿈결 아득히 곤한 잠을 고르고
닭이 홰를 치는 새벽이면

어느새 어머니는 낡은 신발
이슬 흠뻑 젖어서 아침을 깨우셨다

등짝 검게 그을린 아이들은
강가에 소몰이 가서
종일로 피라미와 놀던 곳
그곳으로 돌아가서
그 봄을 살고 싶다
진정 돌아가서 살고 싶다

겨울 숲

망설이다 나선 산행길
섣달 숲은 시리운지
숨비소리를 낸다
밤새 돋은 얼음 순이
발아래 서걱이고
낮달 곁에 남은 한 줌 햇살이
움츠린 등 뒤를 따른다
나무
그들의 무리 속으로 죄송하게
들어서면
온몸으로 번지는 배려
생각의 부스러기들
짚불처럼 삭아지고
먼 듯 바람에 슬은 산새 울음이
고요를 보탠다

나의 빈 가을

가을이 저문다
빈 가지엔 그림자만 길게 남기고
계절은 점점 깊어 간다
얼마 전, 막내아들 장가 보내고
이제는 내 인생의 뜨락으로
가을이 지고 있다
떨구어진 가지마다
서늘한 가을바람이 지난다

거울 속,
언제 피었는지 모를 검은 꽃 한 송이
구절초처럼 쓸쓸하다
따뜻한 한 잔 술에
서늘했던 몸이 조금씩 풀리고
쟁반 위 구슬 같던 마음은
조용히 제 자리를 찾아간다
나의 가을이
만추를 향해 흘러가고 있다

양천강에서

밤이 이슥한 강변에는
휙휙 휘파람
선머슴애들의
불알이 익던 소리
까르르 까르르 계집아이들
가슴이 익던 소리

천년을 흐르던 강물도
세월에 허리를 꺾고
무성한 잡풀 섶을 흐르는지 마는지
왜가리 한 마리
저문 강변을 서성인다

이월에 내리는 비

검은 코트를 입고
어두운 골목길을
저벅거리며 오고 있다
서늘한 바람을 안고
언 길을 오고 있다

예민한 짐승의 후각으로
먼 곳에서 이는
바람의 기미를 잡는다

눈 간 자리마다
움이 트는 일
발아래 순해진 땅마다
움이 트는 일
남방길 돌아오는 철새처럼
이월의 비가
새벽길을 오고 있다

풀꽃

한적한 무덤가에
작디작은 풀꽃 한 점
나비도 몰라 지나고
보라색 작은 우주가
따리를 틀고 있다

하지

장끼는 보리밭에 목 놓아 몸을 털고
찔레꽃은 흐드러져 꽃향기 흥건한데
재 너머 뻐꾸기 소리 밭이랑도 길다

밤꽃은 요부처럼 치맛자락 흔들고
오디나무 젖가슴이 검붉게도 익는데
홀아비 한숨 소리가 산등성을 넘는다

장마

빗줄기가
빗금을 치며 창살을 만든다
몇 번을 내다 봐도 어중간하게 내리는
비는 또 하루를 가두고 만다

아버지는 금이 간 항아리를
철사로 용케도 테를 매시고
어머니는 밀반죽을 곱게 한 수제비 위에
채 썬 애호박을 고명으로
올려서 내어 오셨지
나는 종일로 축담에 쪼그리고 앉아
처마에서 떨어져 흘러가는 빗물방울을
세어 보았지

종일로 서성대며 창밖의 빗줄기를 세는
하루가 무덤덤하게 흘러간다
장마는 치명적이다

여름밤 이야기

여름밤 하늘을 이고
돗자리에 누우면
별들이 이슬처럼 내려앉는다
구름 한 점, 북쪽으로 서둘러 가고
물 길러 가는 기러기
끼럭끼럭 서럽기도
은하수 흐르는 이슥한 밤
성긴 삼베자락 속
등짝 검은 아이는
어느새
허공 먼 동화의 나라로
별이 되어 잠든다
은하수, 구름처럼 흐르는 밤
그리움 초롱초롱
별이 되어 내리고
별이 되어 내리고

밤바다

바다는 사내처럼 혼자서 운다
그 아픔을 낮 동안 일렁이는
파도에 숨겼다가 밤에만 운다
귀항한 배들이
서로 손 꼭 잡고 깊은 잠에 들면
바다는 몽돌밭에 얼굴을 부비며
소리 내어 운다
검은 눈물 뿌리면서 맘껏 운다
하루가 힘들었던 사내가
바다처럼 운다

겨울비

한밤중 겨울비가
서툰 잠을 깨우며
꾸륵, 꾸꾸륵—
비둘기 울음처럼 울며
처마 홈통을 흐른다

봄이 온들, 대수랴
꽃 피고 새 울겠지
흐르는 빗물처럼
하루하루 흘러가겠지
세월이 다 바래질 즈음엔
어느 꿈길 같은 바다 속 깊이
섞이고, 섞여
끝내 흩어지겠지

어디서 와서
어디로 흘러가는가
한 무더기 바람이
머리맡을 휘감다가
멀리 흩어진다

그림자

저무는 노을은
제 그림자마저 거두어 간다
붉게 번진 하루의 그림자
산 너머로 사라진다
나를 따라 다닌 내 그림자는
나와 함께 지워진다지만
흩어져 있는 나의 흔적들은
어찌 다 지우고 간단 말인가
청춘의 추억들
혹은 남은 욕망들
그리고 그리고
소중한 나의 푸른 눈망울들은
어쩌란 말인가
저 노을 끝자락처럼 지우고 갈 수 없네
이제 붉은 노을은 지고
어둑한 산 그림자
잔상으로 남는다

입춘

앞집 할머니가
창문 밖으로 손바닥을 펴고
비를 가늠해 본다
옅은 봄이 부실부실
손바닥에 내린다

손수레 가득 비릿한 내음이
기지개를 펴고
골목을 지나간다

햇살 안 탄 하얀 종아리가
눈이 부시다

봄비 내리고

간밤에 봄비 내리고
봄날의 장식 같은 햇살이
지천으로 바쁘게 익어 간다
강변의 여린 수면은
실바람에 몸을 떨고
수많은 윤슬의 날개들이 파닥이며
일어선다
날아도 날아도
그 자리
그 자리에서 맴을 돈다
돌아보면 아득히 먼 길
바람아, 바람아
허둥대며 달려온 길
어제의 그 자리구나
바람은 시나브로
물결을 만지작거리고
봄은 또 저만치
바쁘게 오고 있는데
나는 그저
느린 오수에 겹다

바람

바람도 더러는
역정을 내는구나
저토록 삭이지 못하고
사방으로 나뒹군다
모든 것 지나보면
별일 아닌 것을
원망도 서운함도
지나보면 가을날 풀잎처럼
순하게 잠드는 것을,
청춘도 사랑도
한 세월 지나보면
구름 되어 흘러가는 것을,
솔숲 지나서는 바람처럼
장마 지나서는 뭉게구름처럼
여울 지난 강물처럼
세상사
지나보면 별일 아니라네
바람아

제3부　엄마의 회초리

노년 일기

잎 떨구기 무섭게
거세당한 가로수
낮달처럼 서 있다

적적함은 사치다
떠나보낸 고갯마루
눈발이 날린다
트렁크 속에 차곡차곡
가을을 거두어 보내고
동안거에 든다

여우볕처럼
전화벨은 건성건성 들겠지
더러는 관절염 약 봉투가
안부처럼 배달되겠지
덩그러니
윗목에 매달린 싹눈
내년 봄에도
틔울 수 있으려나

양손 같이

우리 이제 많이도 말고
양손 같이 살자
한 손이 더러우면 다른 한 손이 씻어 주고
한 손이 아프다면 다른 한 손이 대신하고
한 손이 시립다면 다른 한 손이 비벼 주는
양손처럼 살자

그대 아픈 손이 되고
그대 따뜻한 손길이 되고
좋은 일에는
양손으로 손뼉 치며 살자
크게도 말고 많이도 말고
우리 양손처럼 쓰다듬고 살자

행복

파지 줍는 팔순의 할머니
종일로 파지 주워
팔천 원 벌었다네

오글오글
오만 원짜리 파마하고
나팔꽃처럼 환하게 웃는다
골목길 훤하다

우담바라

빨간색 노란색 보라색 꽃
세상 예쁘지 않은 꽃이 있을까
나의 얼굴에도 꽃 한 송이 피었네
평생토록 가꾸어 피어난 꽃
검정색 꽃이 피었네
더러는 가슴 졸이며
더러는 사랑 노래 부르며
꽃 한 송이 피웠네
골진 얼굴에 곱게
꽃이 피었네
한평생
한 번 피는 검은 꽃

옷가게에서

백화점에 와서
딸아이 성화에 못 이겨
옷 한 벌을 사 입고
봄이 오면 이 옷을 입고
어디로 갈까나
막걸리 집에 가긴 그렇고
산에 오르긴 어색하다
아내 손잡고 나설 일도 드물고
기껏해야 혼사에나 가겠지
그래도 이 모습이 좋구나
십 년을 입어도
손으로 셀 정도이지만
그래도 좋다
아이야
내 살아온 보람이구나

엔딩

지인의 장례식장
아들이 웃고 있고
며느리도 밝게 웃고
사위도 크게 웃고
딸도 그냥 웃는다
웃고 있는 영정 사진처럼
웃으며 떠나셨겠지
나도 싱거워서 웃었다
이별이
이별이
참 쉽다

산화(散花)

그녀의 뱃속에 꽃이
붉은 꽃이 만발했다네요
그토록 붉은 꽃이 피어 있을 줄이야
아무도 몰랐다네요
무화과처럼 속으로 피어난 꽃
억장이 무너집니다

하필이면 오월에
이젠 마음 비웠다는 한마디만 두고
마흔 살의 꽃은 산화되어
영원한 숲으로 흩어집니다
뻐꾸기 말고도 피 흘리며 우는 이들은
명주실 같은 파리한 영혼을 놓지 못해
시퍼렇게 혼절합니다
얼마나 오랜 세월이 지나야만
무심한 얘기가 될는지 모릅니다

산소에서

아내와 아들 내외
참 단출한 자리다
가을이 스민 산등성이
억새꽃이 백발처럼 일렁인다
간단한 진설을 올려 두고
조용히 재배를 올리니
나도 곧 아랫단에 들겠지
그 생각에 서늘한 바람이 스친다
비우며 살라 했건만
비울 것도 많지 않은 삶
그런데도 하루하루
서걱이는 몸을 부여안고
생의 미련이 하늘 끝에 걸린다

병상에서

하얀 시트를 두른 병상에
노란 링거, 탯줄처럼 달고
염려하다 떠난 사람
누구였을까

머문 흔적을
하얀 시트로 가린 침상
한숨이 얼룩으로
묻어 있다
머무르다 떠난 사람
무리 되어 돌아갔을까

화려한 디지털의 불빛들
질주하는 생활에서 벗어나
옆구리를 움켜잡고
주저앉아 있다

노란 링거,
탯줄처럼 달고
그 사람이 되어 있다

땡큐!
―손녀 권나경 탄생 축시

무량한 별나라에서
반짝이는 아기별 하나
우리 곁으로 보내주셔서, 땡큐!
초사흘 가을밤
달빛 같은 눈매
소심춘란 꽃술 같은 저 입술
도랑물처럼
가만가만 흘러도
바다같이 깊고 푸른 연출을 기대하네
나긋나긋, 나경이
우리 편으로 보내 주셔서
진심으로 땡큐!

그럴 거야
—손녀 박지원 탄생 축시

그 사람이 그랬거든
너는 분명
돋움 곳에 설 거라고
그럴 거야 너는
즐거움을 선사하는 재담쟁이
남보다 한 걸음 앞선 자리에 서게 될 거야
그럴 거야 너는
사월의 새순처럼 자라서
오월의 장미처럼 활짝 피어날 거야
지원아
될성부른 나무는
떡잎부터 다르다 했지
지금도 넌
우리의 행복 천사야
그 사람이 그랬어
넌 꼭
그럴 거라고

똥강아지
―손녀 길유하 돌 축시

강아지야
똥강아지야
너가 꽃이라면
화려한 장미보다는
고운 매화로 피거라
은은한 향기를 나누는
매화로 피거라
너가 별이라면
혼자서 빛나는 샛별보다는
은하수 무리에서 아름다운
아기별로 돋아라
남들보다 앞서기보다
남들 속에서 언제나
꽃이 되고 별이 되고
칭송이 자자한 사람이어라

강아지야 강아지야
똘망똘망
똥강아지야

유하

백 가지 소망 중에 튼튼이라
태명 짓고
천 가지 이름 중에 유하라고 골랐네
비단포 깔아 놓고
너 만나길 기다리고
색동옷과 장난감을 한아름 챙겨 두고
너 오길 기다렸네
할머니 할아버지 고모 이모
간절한 바람으로
천상에서 내렸구나
튼튼하게 자라서
고운이가 되거라
아리따울 유(婑)
기쁘할 하(賀)
유하

우리 새처럼 울겠지

다섯 살 손녀가 백혈병이라는
청천벽력 같은 소식을 안고
암 병원에 입원하고
혼자 집으로 돌아가는
고양시 화정터미널
소나기가 내린다
어미의 동동거리는 모습이
빗속에 어른거린다
드라마에서만 보던 일이
발등에 떨어졌네
천지도 모르는 아이는
목이 쉬도록 떼를 쓰고
어미는 안절부절
미치도록 애가 타서 혼절하고
눈물에 가려 어른거리는 허공에
빗소리만 멍멍하다
우리 가족들
얼마나 많은 날밤
가슴 쓸어내릴까
길을 가다가도 울겠지

달을 보고도 울겠지
새처럼 울겠지
이기자 이겨내서
대상 받자 우리
인간 승리 대상 받자
실컷 울어 보자
그때 가서
원 없이 울어 보자

모진 시간들

항암 치료받는 다섯 살 손녀
어른처럼 아파하네
아야 아야
가늘게 신음하기
눈감고 지쳐 눕기
악마에게 머리털 뽑히기
식은땀 흘리며 퍼져 눕기
다섯 살 아이가 어른처럼
고통을 익혀 가고
가녀린 어미 가슴은
바위처럼 응어리지누나
여린 핏줄에 꼽고 빼는
탱자나무 가시 같은 주사 바늘이
이 가슴을 찌르는데
모진 시간이 언덕을 오른다

딸네

이제는 제집 장만하고
밥술이나 뜨는 딸네에 와서
느슨한 고무줄 바지 입고
편히 누웠다
요람을 흔들며 부르던
자장가를 더듬어 보고
지나온 길 돌아본다
모녀의 정담은 밤을 엮고
두어 잔 반주에
따뜻한 눈물이 고인다
나무가 자라고 꽃이 피고
그 그늘 아래
우리가 쉬고 있다

자카르타

큰딸네가 살고 있는 자카르타
엄동설한에 갔네
한 보름 놀러 갔다가
보름밖에 못 놀고 왔네
하루에도 다섯 번이나 울리는 기도 소리에
순하게 길들여진 신의 사람들
쌍꺼풀 진 눈인사가
사슴처럼 순한 사람들
히잡에 가린 여인의 다소곳함은
조선의 그 여인이어라
바쁜 것도 없고
바쁠 것도 없는 사람들
세월이 가는지 마는지
스콜에 씻긴 석양이
고향처럼 곱다
안절부절 지극한 딸내미의
효성 속에서 지내보니
이런 날이 있구나 싶더라

막내딸

키 작은 막내딸
걱정 속에 자라
어느 날 홀연히
터키 대학 강사가 되어 떠났다
염려하는 나에게
"아빠, 걱정 마세요 잘 될 거예요"
한 삼 년 동안 들려오는 말은
언제나 "잘 될 거예요"
키 작아 시집 못 가면 어쩌나
걱정이 켜켜이 쌓일 무렵
소설을 쓴다는 청년 손 잡고
차림 얇게 시집을 갔다
한 삼사 년,
사는 것이 또 걱정될 즈음
어느 날 걸려온 전화 한 통
"아버님, 제가 이상문학상을 받았습니다"

오래된 사진첩

딸아이는 하룻밤 낮을
우리 곁에 다정을 두고
다시 서울로 가네
꽃향기에 취하듯
우리 부부는 마냥 즐거웠네
연못가를 걸으며
지나간 이야기와 사는 이야기들을
들려주고 들으며
달달한 차를 마시고
웃고 웃다가
다시 서울로 가네
언제나 어린아이 같던
딸아이가 제집으로 가고
이제는 우리가 어린아이처럼
서운해서 우네
강물은 참 빠르게도
흘러가네

달이

달이 구름밭을 걷는다
만삭의 달이 중천을 지난다
신작로 자갈길을 서둘러 걷는 여인
혼자다
술 심부름 나선 길
술 한 동이를 이고
십 리 밤길을 간다
"달이 밝아서 더 무섭더라"
고단했던 어머니 옛이야기

보름달이 뜨면
자꾸만 눈길이 간다

나의 종교

나는 종교를 잘 모른다
종교를 익히지 못했다
다만 부처님 앞에서는 절을 하고
성모상 앞에서는 숙연해지고
숲길에 서툴게 쌓은 돌탑에도
돌 하나 더하지만
왠지 모르게 그랬지만

나에게 종교는 오로지
어머님
위급함 앞에서 어려움 앞에서
간절히 불러 본 이름
염불처럼 찬송처럼
불러 본 이름
어머님
나의 종교 나의 어머님
거룩하고 위대한 나의 종교여
오, 영험한 나의 교주여

간이 작아서

간이 작아 살아 남았다
엄지에 붉은 인주를 꽉 찍어
꾹꾹 눌러 찍었더라면
상아 도장에 빨간 인주를 문질러
폼나게 팍팍 찍었더라면
나는 아마도 사라졌을 것이다
간이 작아 살아 남았다
가진 것은 변변찮고
부양할 식솔은 많아
오솔길 따라
앞만 보고 걸었다
간 큰 놈은 널* 장사한다고 나섰지만
나는 간이 작아
간이 작아
작은 바람 소리에도 놀랐다

* 관

사십구재

절 마당에는 하얀 나비 한 마리
춤추듯이 맴을 돌다가
하늘로 날아간다
의식은 자지러지는 목탁 소리에
깊어지는데
뒷산 아카시아 숲은 그냥 푸르기만 하다

둘째 누님의 별명은 오토바이
솜씨 빠른 성격은 언제나 바쁘다
작년 초파일에는 호주머니 탈탈 털어
나물거리 사십만 원어치 사서
시주했다고 자랑하시더니
저렇게 부산하게 떠나가신다
한 많은 이승을 저렇게 바삐 떠나가신다

장맛비 한 줄기 지나간다
금세 개울물이 소리 내어 울고
윤오월 햇볕이 정수리에 따갑다

엄마의 회초리

엄마라는 말에는 깊은 샘이 있지요
나직이 불러볼수록 깊은 샘에서 솟는
눈물샘이 있지요
혼자 가만히 불러보면
어느 샘 깊이에서 차오르는 아린 기억들
괜시리 눈물이 흐릅니다
세월이 지날수록
나이가 깊어질수록
시나브로 불러보는 엄마라는 한 마디
한숨처럼 기도처럼 불러보는 엄마라는 한 마디
당신은 어디쯤에서 나를 굽어보고 계신가요
나는 문득
오랜 기억 하나 풀어 놓고
가슴 저립니다
그날은 당신께서 빗자루를 회초리 삼아 들고
나를 꾸짖고 계셨지요
내 종아리를 때리신다는 것이
자꾸만 땅바닥만 두드리시고
나는 아프지도 않아서 그냥 엉거주춤 서서
용서를 빌지도 않았지요

엄마의 회초리는 아무리 때리셔도
아프지 않은 줄로만 알았습니다
헛매질만 하시던 당신께서는
도망이라도 가라면서
내 엉덩이를 밀치셨지요
그때의 헛매가 지금에사
이토록 아픈 줄은 몰랐습니다
그냥 가만히 불러만 봐도
눈물 나도록 아픈 줄은 몰랐습니다
이제야 가슴 차오르도록 아픈 줄을
그때는 몰랐습니다
어머이~

제4부 지난 이야기

정취암

시오리 새벽길을
삼천 석 공양미 머리에 이고
한숨 소리
나무 관세음보살
울 엄마 거창댁
간절한 소망이 향초로 번지는
대성산 정취암
문설주에 오매 손길 묻어 있나
살갑게 만져 본다
행여 고개 들어 내려다본
저기,
댕기 도들 논 가물가물
오매 허리 펴고 눈 끝 간 자리
눈시울 붉다

정취암
관음전 청마루
울 오매
땀 한 자락 묻어 있다

남해 금산

봄비 지난 산자락엔
신록이 가득하고
덜 걷힌 운해는
신비를 머금은 채
기암을 감싸 안고 있다
금산 보리암
기도에 잠기어서
탄성조차 잠재운다
잔바람에 우는 풍경 소리가
눈 큰 길손을 맞아 준다
만인의 기도처럼 우람한
석불의 눈길 아래
게딱지 같은 작은 섬들은
고요히 꿈을 꾸는 듯하다

어느 해
한없이 가벼워지신 아버님과
마지막으로 함께 오른 그 길
저 멀리 갈매기는
무심히 하늘을 가르고

그날의 잔상은
가슴에 스며 눈시울을 적신다
남해 금산,
사무치는 그리움이
꽃비 되어 내리네

산청 장날

하룻날 엿새날
산청장에는
산청 사람들이 필요한
물건만 팔고 산다
더러는 외지 사람들
재미삼아 둘러보고
장난삼아 사 간다
잘 있나, 별일 없재?
산청말로 안부 물어 가며
시나브로 사고 판다
인정이 물건보다
잘 팔리는 산청장
메이커요—
메이커!
산청장에는 메이커만 판다

지리산 내원골 이야기

그 산에 올라 나물 캐던
삼베 적삼에 걸망 진 아낙
어느 날
지아비 찾아 그 산에 올라서
어찌어찌 어쩌다
붉은 완장까지 둘렀다네
지리산은 그 여자
산죽밭에 감추다가 감추다가
각혈하듯 토해 내었다네
상흔의 골짜기
산죽은 더욱 푸르게 무성하고
올해도 구구절절 구절초는
하얗게 질려서 피어 있네
역사는 물처럼 흘러가는가
바람처럼 잊히는가

요녕성 집안

삼 대로 사 대로 우리 핏줄들
듬성듬성 살아가는
중국 요녕성 집안集安에 와서
대왕의 거친 말발굽 소리를 듣는다
몰락한 역사의 눈물을 본다
대왕의 비문을 만나
게다짝으로 짓이긴 분노를 읽는다
태산은 변하여도
역사는 바꿀 수 없는 것
역사는 강물처럼 흐르는 핏줄이다
바람 괸 변방 대왕의 무덤
흘러내리는 돌무더기들
안간힘으로 잡초가 붙들고 있다
언제이련가 조국의 힘으로
비문에 적힌 대왕의 말씀
가지려니 모셔 볼 날이

깎지 마라
우리 글자 박은 부채 하나 이천 원
순이 볼 같은 복숭아 한 봉지
단돈 삼천 원이다

완사 장날

완사 장날
풀빵 장수 할머니
풀빵 닮았네
천 원에 다섯 개
한 개 더 담아 주며
호호
풀빵처럼 웃는다
노란 민들레처럼 웃는다
봄이 화사하다

백두여, 천지여

천의 사람들
천 개도 넘는 계단을 오르며
구름처럼 밀려간다
시인의 마음으로 천지에 올랐건만
한 줄의 시도 읊지 못하고
"아!"
외마디만 남긴 채
셔터만 연신 눌러댄다
백두여, 천지여
운무 없었다면 신비도 없었으리
천지가 꽃을 피우지 않았다면
장관도 없었으리
얼굴에 꽃을 피우고 올라간 사람들
조선이니 중국이니
그어 놓은 금 지워 버린다
바람 잡은 솔개 한 마리
허공 높이 날아오르며
주인인 양 맴을 돈다

마라도

한 무리의 굵은 파도 이랑을 넘어
바람이 일군 섬
대양의 거친 파도가 덥석 문
이빨 자국이 성성하다
남녘 끄트머리
다부진 수문장이 되어
오늘도
바람의 멱살을 잡고
귀항의 뱃길에
하얀 손수건 흔들고 있다
가파도 되고
마라도 된다는 섬
마라도

단둥 페리호

어디쯤이 수평선인가
석양마저 해무 속으로 숨어 버리고
따르던 갈매기도 떠나 버린 뱃전에서
비말 져 흩어지는 파도 자락은
시퍼런 인불을 당긴다
밤배는 어디를 지나는지 바람마저 잦아들고
가자 가 보자
위대했던 대왕의 나라
잃어버린 광야는 어쩌랴마는
칙칙한 치포우 뒤로 감추는
소중한 대왕의 혼백은 모셔 와야지
가슴으로 저민 조선한지에
고이고이 모셔야지
아
고구려
고구려
위대한 대왕의 나라

계림유희

합죽선에 그려진 산수 정경이
경이롭게 솟아 있는 계림
우기 스민 산봉우리는
오뉴월 죽순처럼 돋아 있구나
탁류 넘실거리는 이강
이강이 없었던들
계림이 솟았겠나
계림의 심장
신비의 굴속을 지나 이강에 들었네
하늘에 맞닿은 봉우리들 사이로
강호 무림의 고수 하나
긴 수염을 휘날리며
구름 속으로 사라지는구나
아, 천태로 솟은 산봉우리
아무래도 다 셀 수가 없다
이강의 뱃사공이여
부디 배를 세워라
저 만상의 탄성을
다시금 누려 보련다
천년만년 흘러가는 이강이여
그 깊은 속내를 물어 보고 싶구나

검은 눈물

삼천포 앞바다에
유령선처럼 떠 있는 정박선
외국 선원 혼자
지나는 유람선에 손을 흔들고 있다
서녘으로 조금 남은 햇살을
만지작거리다가
외로움에 떨고 있는가
종일토록 남루를 뒤적이다가
떠나온 집 생각에 울고 있는가
구원의 깃발도 없이
해 저무는
멀고 먼 이국의 바다 위
녹슨 화물선에
검은 눈물이 흐르고 있다

마지막 술잔
―친구의 장례식장에서

너와 나의 약속은 모두 거짓이었네
변치 말자는 너의 말이 거짓이었네
영원하자는 너의 말도 거짓이었네
오늘 너의 창백한 모습으로
그 거짓임을 알고 말았네
세상에 영원한 약속은 없음을
나는 가슴 찢으며 보았네
지난밤 다정한 너의 눈빛은 거짓이었네
지난밤 우리가 나눈 그 술잔이
결별의 잔이었다는 것을
오늘 너는 사진 속 식은 미소로 말했네
이제 너와 나 어디에서 만나
또다시 허튼 약속을 하려는가

바람이 하루를 치고

해가 하루를 바람에게
맡기고
찜질방에 들었다

소죽 끓이듯 고래고래
장작불을 들이밀고
장판이 누렇게 익는
사랑방 아랫목은 아니지만
자궁 속으로 들듯이
들앉아
줄줄 흐르도록 익혀라
익혀서 시원하다면
이미 시들어 버린 이파리
펑펑 울거라

창밖으로
바람이 하루를 치고
질겅질겅 껌으로 씹던
미련 같은 거나
찌꺼기로 떠돌던 생각들이

줄줄 흘러내린다
수제비 국물이나
찌린 땀 냄새 나는 곳으로
한참 동안을 녹아내린다

염치없는 몸뚱아리
종일로 울고 있다

오랜 기억

삼복염천이 숨을 죽이는 하오
숲속은 지독한 구애의 아우성
인고의 칠 년
칠 일의 사랑
간절한 욕망이 저토록 끓고 있다

내게도 언젠가
불같은 사랑의 욕망이 있었던가
장대비 내리던 둑방길
그 골목길
처음 앓는 지독한 열병
청춘의 성장통
새벽까지 비는 내렸지

유등

가을밤 하늘에
유등이 흘러간다
시리도록 맑은 가을밤에
은하를 타고
휘영청 유등이 흘러간다
새벽에 닿아 이지러지는 유등
오래된 그리움 하나
부려 놓는다

어디쯤 흘러가고 있을까 그는
풍문은 이명처럼 들리지만
나처럼
서녘 하늘에다가
흐르고 있을까

붉은 유등

흐르는 것은 역사다
천 년을 이어 쉼 없이 흐르는 남강
수많은 원한이 붉은 유등으로
흘러간다
가슴에 촛불 켜고
혼으로 잉태되어 흐르는 유등
물비늘처럼 얼룩진
역사를 읽는다
역사는 진주성 돌아 흐르고
가슴속에 멍으로 남아 있다
성곽의 돌틈에
아름드리 정자나무 옹이에
그날의 함성으로 남아 있는가
상처의 흔적들
역사는 기억이다

지난 이야기

골목 어귀
낡은 소파 하나
척추를 다친 환자처럼
비스듬히 나앉아 있다
가슴에는 파란 훈장증을 달았네
돌아보면 아득하여라
허름한 한숨으로 졸기도 하고
꿍 하고 돌아눕는
허기진 가장家長의 무게
이제는 제각각 이소를 선택한
아이들의 웃음소리가 묻어 있다
느슨하게 풀린 나사 틈으로
닳은 통증의 신음 소리가
새어 나온다
이제 모두 떠나보내고
빈 가슴에 바람이 서늘하다
남은 길 어디로 갈 것인가
어둑한 골목길에 비가 내린다

옛이야기

벼린 죽창을 움켜쥐고
촌로는
지리산 첩첩산중을 헤매였다네요
동네 사람들
삼삼오오 소풍 가듯이
빨갱이 잡는다고
죽을 둥 살 둥 모르고
몰려갔대요
산죽 속을 얼마나 헤매다가
허기가 져서
돌배나무에 달린
시큼한 돌배 몇 개로
겨우 눈떠서 돌아왔대요
빨갱이가 뭔지
얼굴이 빨간 사람들인지
우익은 뭐고 좌익은 뭔지
아무것도 모르면서
빨갱이 잡는다고
지리산 첩첩산중을 헤매고 다녔대요
그저 그렇게 살았다네요

오라면 오고, 가라면 가고

김 영감

붉게 물든 감나무 잎이
툭, 떨어진다

막걸리 서너 사발 들이켰는지
검버섯 핀 얼굴이 벌겋게 물들었다
하도급 사장 놈은 달포 넘게
코빼기도 안 보인다
명치 밑이 또 저린다
"젠장, 인자는 암이라 캐도 겁 안 난다!"

가을이 깊어 간다

참 좋은 것들 그리운 것들

오월의 찔레꽃 냄새
산등성이 넘어 우는 뻐꾸기 소리
장마가 지난 뒤 피어난 뭉게구름
여름밤 하늘의 별들
비 개인 날 아침의 숲길
밤이슬 머금은 하얀 박꽃
외진 곳에서 붉게 익은 단풍
밤새 소복하게 내린 눈밭
자정이 지난 바닷가의 방파제
그리고
어릴 적 풋사랑의 기억들

귓가에 쟁쟁거리는
한 사나흘 지난
손녀의 웃음소리

흐르는 것은

억지로 밤을 넘긴 새벽녘
잠 버리고 용을 쓰며
시를 잡는다
손끝에 닿은 놈이
비늘 한 조각 남기고
심연으로 가라앉는다
빈 그물에 무늬만 남았다

해거름 녘 강기슭에서도
밤바다 해변에서도
잡은 놈을 자꾸 놓친다
한 끼 밥보다 못한데
나는 또 목을 맨다
갈수록 그물도 헐고
시원찮은 작업이다

흐르지 않는 것이
무엇이더냐

해 설

『울 줄 알아야지』를 읽는다

양곡(시인)

가.

길영수 시인의 시는 읽기가 쉽다. 편하게 쓰여서 그렇다. 어려운 낱말이나 심오한 사상, 정치, 윤리, 철학 같은 것을 생각하지 않아도 되고, 평범한 인생사를 누구나 가질 수 있는 느낌·생각·사유를 형상화하거나 맨살로 드러내 놓기 때문에 한 번만 읽어도 시 한 편이 무슨 말을 하고 있는지 명확히 알 수 있다.

인연도 운명이라면
이별 또한 운명이겠다

이별은 만남을 비워 두는 것
만나지 못함은
샘처럼 깊어지는 것
호젓한 숲길
혹은 가을 숲 빈 의자
샘 깊이 들여다보면
그리움 물이끼 되어
파랗게 돋아 있고
어느새 인연은
세월의 이끼 묻어 저 멀리
돌아 흐른다

—「인연과 이별」전문

  다소 어려운 낱말인 인연이란 말도, 이별이란 인간사의 애틋한 말도 이 시에서 보면 명징하게 드러난다. '이별은 만남을 비워두는 것'인데 만나지 못함은 '샘처럼 깊어지는 것'이고, '호젓한 숲길/ 혹은 가을 숲 빈 의자'에서 '샘 깊이 들여다보면/ 그리움은 물이끼 되어/ 파랗게 돋아 있고/ 어느새 인연은/ 세월의 이끼 묻어 저 멀리/ 돌아 흐른다'고 한다. 인연이나 이별을 이렇게 감각적으로 형상화하여 읽는 사람에게 옳고 그름을 떠나 명징하게 아, 그렇구나! 하는 생각을 하게 하기는 그렇게 쉽지가 않을 것이다.
  길영수 시인의 시가 이러한 것은 아마도 연륜에서 비롯된 것으로 보인다. 대학 다닐 때부터 동인 활동을 하면서 습작

해 오다가 오십 대 중반인 2005년에 시인이 되고, 시인이 된 십 년 만인 2014년 첫 시집 『꽃도 우는가』를 펴냈다. 두 번째 시집으로 『울 줄 알아야지』를 펴내는데, 앞서 펴냈던 시집의 시와는 정서가 많이 순화되었다는 느낌을 받는다. 『꽃도 우는가』에서는 좀 더 힘차고 강렬한 그리움 애잔함 고향에 대한 향수 등을 노래했다면 『울 줄 알아야지』에서는 잔잔한 그리움 애잔함 행복함 등이 배어 있는 시가 대상이 전혀 달라지지 않은 채 목소리를 한 옥타브 낮춘 그대로 유지되고 있다는 점이 눈길을 끈다.

> 사람이라면 울 줄 알아야지
> 남의 일이라도
> 가슴 뭉클하면 울어 줘야지
> 울 줄 아는 사람은 모질지가 않아
> 진부한 드라마를 보다가도
> 눈물 찔끔 찍어 내는
> 그 사람이 좋더라
> 마주 보며 웃다가도
> 눈가가 촉촉해지던
> 그 사람이 그립더라
> 사람이라면 울 줄 알아야지
> 못 견디며 울 일 아니라도
> 그냥 울컥해하는 그 사람이
> 사람 냄새나더라

네가 울면

나도 그냥 눈시울이 붉어진다

—「울 줄 알아야지」 전문

  연유야 어떠하든 '사람이 울 줄을 알아'야 한다는 것이다. 사람이 살다 보면 때론 눈물을 흘리는 일이 부끄럽기도 하고 창피할 때도 있겠지만, 칠십 대 중반까지 살아오면서 인간사를 가만히 보고 느끼고 살펴보니, '못 견디며 울 일 아니라도/ 그냥 울컥해하는 그 사람이/ 사람 냄새나더라', '울 줄 아는 사람은 모질지가 않아', '그 사람이 좋더라'고 판정한다. 사람이 단순하고 쉽게 보일지 모르지만, 길영수 시인이 터득한 인생사 교훈이다. 길영수 시인의 시를 읽는 사람들은 눈여겨 챙겨볼 만한 세상살이의 깨달음이기도 할 것 같다.

나.

  길영수 시인의 시에서 나타나는 무대는 어릴 적의 고향, 양천강이 흐르는 추억에 있다.

봄비가 안개비로 내리는 해거름

이젠 돌아가고 싶다

어릴 적 내 살던 고향집

아버지,
소죽을 끓여 하루의 먼지를 털고
어둑어둑 해 저물고
생솔가지 타는 매캐한 연기
뒷마당으로 깔리는 저녁
돌아가고 싶다
검게 데워진 구들목에
고단한 나의 응석을
뉘이고 싶다

—「해거름」 전문

밤이 이슥한 강변에는
휙휙 휘파람
선머슴애들의
불알이 익던 소리
까르르 까르르 계집아이들
가슴이 익던 소리

천년을 흐르던 강물도
세월에 허리를 꺾고
무성한 잡풀 섶을 흐르는지 마는지
왜가리 한 마리
저문 강변을 서성인다

—「양천강에서」 전문

추억이 많을 연륜이기도 하다. 손주들의 기쁜 모습이 많이 나타나기도 하고 자녀들의 대견함이 나타나기도 하는 것은 당연한 일이기도 하고, 현실의 시를 쓸 때 주된 무대는 유년 시절의 고향이고 선친에 대한 소회, 어머님에 대한 그리움이 많다.

> 이제는 제집 장만하고
> 밥술이나 뜨는 딸네에 와서
> 느슨한 고무줄 바지 입고
> 편히 누웠다
> 요람을 흔들며 부르던
> 자장가를 더듬어 보고
> 지나온 길 돌아본다
> 모녀의 정담은 밤을 엮고
> 두어 잔 반주에
> 따뜻한 눈물이 고인다
> 나무가 자라고 꽃이 피고
> 그 그늘 아래
> 우리가 쉬고 있다
>
> ―「딸네」 전문

시를 쓰는 형식은 거의가 연 구분이 되지 않은 채 자유롭게 쓴 시편들이 많다. 연 구분을 했으면 더 단정하고 깔끔해 보일 만한 시편들도 그냥 연 구분 없이 쓰고 있다. 위의 시를 놓고 보면, 1~4행으로 한 연을 구분하고, 5, 6, 7행이 한 연, 8, 9, 10행이 한 연, 11, 12, 13행이 한 연 해서 4연으로 썼을 법한데, 연으로 구태여 구분치 않고 그냥 행갈이만 해서 썼다. 자유시의 잇점을 최대한 활용한 예라 보면 될 것 같다. 이런 연 구분 없는 시들이 많다.

> 장끼는 보리밭에 목 놓아 몸을 털고
> 찔레꽃은 흐드러져 꽃향기 흥건한데
> 재 너머 뻐꾸기 소리 밭이랑도 길다
>
> 밤꽃은 요부처럼 치맛자락 흔들고
> 오디나무 젖가슴이 검붉게도 익는데
> 홀아비 한숨 소리가 산등성을 넘는다
> ―「하지」 전문

위 인용시는 우리나라 전통시가인 시조에 가깝다. 율격이고 음보가 그렇다. 시를 형식상으로 보면 자유시라는 이름 아래 내재율만 있으면 된다 하니 세상에는 질서 없는 리듬을 갖고 시를 좌우로 비틀어 쓰는 시들을 읽어볼 때가 있다. 읽어보면 무슨 소린지도 불분명한 내용을 갖고 리듬도 도대체 생경한 율격으로 횡설수설하는 시들을 가끔 보는 데 비해서 이 시는 전통적인 율격을 갖고 익숙한 음보로 전통에 기대어 친근감을 갖게 한다. 내용 또한 전통적인 정서에서 크게 벗어나지 않는다.

이것만으로 길영수 시인의 시적 운률이나 정서 전부를 대표하는 것은 아니다. 네 연으로 구성된 시도 있고, 두 연으로 된 시도 있고 세 연으로 된 시도 있다. 하지만 연 구분 없이 행갈이만으로 시를 쓰는 것이 주된 특징이다.

붉게 물든 감나무 잎이
툭, 떨어진다

막걸리 서너 사발 들이켰는지
검버섯 핀 얼굴이 벌겋게 물들었다
하도급 사장 놈은 달포 넘게
코빼기도 안 보인다
명치 밑이 또 저린다
"젠장, 인자는 암이라 캐도 겁 안 난다!"

가을이 깊어 간다

—「김 영감」 전문

이 시는 이야기를 많이 숨기고 있는 시다. 김 영감은 하도급을 받은 공사판에서 품팔이를 하고 있는 것 같다. 감나무 잎이 툭툭 떨어지는 가을이 깊어 가는 날, 한달 치 이상의 일삯은 아직 받을 길이 없고, 오늘도 애먼 막걸리 사발만 들이킨다. 명치끝이 저린다. 이젠 이판사판이다. 암이라 캐도 겁낼 내가 아니다. 오늘은 결판을 내야 할 시점이다. 곧 겨울이 시작되는 가을이 깊어 가기 때문이다. 모든 사정을 까발리는 것보다는 시는 이렇게 숨기고 말을 줄이고 감추는 데 훨씬 더 묘미가 있다.

때에 따라 연 구분 없이 행갈이로만 한 편의 시가 완성될 수는 없다. 행이 짧다고 해서, 호흡이 짧다고 해서 무조건 좋은 시가 되는 것도 아니지만 한 편의 시로서 안정감 있는 구성을 갖추기 위해서는 내용도 중요하지만 형식에 있어서도 균형감각을 갖추고 시를 써야 할 필요가 있다. 시인이 써 내는 한 편의 시는 도예가가 빚어 내는 한 작품의 도자기와 같다. 공들여서 빚어내지 않은 시 작품은 결국은 헐값으로 매도되는 한 조각의 질그릇일 수밖에 없기 때문이다.

다.

길영수 시인의 시를 읽으면 시를 쓰는 일은 추억에 대한 그리움과 현실의 기쁨 즐거움 보람 등을 젊은 날 쟁여왔던 시인의 꿈으로 펼쳐보는 행복한 광장이다.

    오월의 찔레꽃 냄새
    산등성이 넘어 우는 뻐꾸기 소리
    장마가 지난 뒤 피어난 뭉게구름
    여름밤 하늘의 별들
    비 개인 날 아침의 숲길

밤이슬 머금은 하얀 박꽃
외진 곳에서 붉게 익은 단풍
밤새 소복하게 내린 눈밭
자정이 지난 바닷가의 방파제
그리고
어릴 적 풋사랑의 기억들

귓가에 쟁쟁거리는
한 사나흘 지난
손녀의 웃음소리
—「참 좋은 것들 그리운 것들」 전문

 길영수 시인의 시는 누구에게 보여준다는 생각으로 쓴 것이라기보다는 자기가 살아온 인생을 되돌아보며 추억하며 오늘날을 이해하고 반성하며 인생의 후반기를 때론 즐기는 행복한 낭만일기이다. 철학적 사유와 깊은 고뇌, 시에 담긴 문예미학적 아름다움, 시라는 장르가 갖고 있는 특성 같은 것을 요구하거나 찾으려고 할 필요는 없다.